A cultura como sistema aberto, como acto e drama
que se expressa na palavra e na imagem para análise
e interpretação do quotidiano.

O Nascimento do Tempo

Título original:

La Nascita del tempo

© 1988 by Edizioni Theoria s.r.l., Roma - Napoli

Tradução:
Marcelina Amaral

Capa de FBA

Depósito Legal nº 275186/08

Paginação, impressão e acabamento:
PENTAEDRO
para
EDIÇÕES 70, LDA.
Outubro de 2018

ISBN: 978-972-44-1430-0

ISBN da 2ª edição: 972-44-1009-9

ISBN da 1ª edição: 972-44-0504-4

Direitos reservados para todos os países de Língua Portuguesa
por Edições 70

EDIÇÕES 70, Lda.
Avenida Engenheiro Arantes e Oliveira, 11 - 3.º C – 1900-221 Lisboa / Portugal
Telefs.: 213190240 – Fax: 213190249
e-mail: geral@edicoes70.pt

www.edicoes70.pt

Esta obra está protegida pela lei. Não pode ser reproduzida,
no todo ou em parte, qualquer que seja o modo utilizado,
incluindo fotocópia e xerocópia, sem prévia autorização do Editor.
Qualquer transgressão à lei dos Direitos de Autor será passível
de procedimento judicial.

Ilya Prigogine
O Nascimento do Tempo

O Nascimento do Tempo

Nota do Editor Italiano

Apresentamos ao leitor o texto de duas breves conferências sobre o mesmo tema, o tempo, proferidas por Ilya Prigogine a poucos anos de distância uma da outra. Ambas consequência de um convite da Montedison(*), têm a frescura e o tom de divulgação de uma intervenção oral para uma plateia de não especialistas, além do mérito de traçar em poucas páginas e sem o auxílio de complexos aparatos matemáticos, com grande clareza, as fascinantes teses do autor. A breve nota biográfica e o texto da entrevista que as precedem introduzirão o leitor na complexa problemática de Prigogine.

(*) Montedison – Grupo industrial multinacional, com sede em Milão. (*N.T.*)

Nota Biográfica

Ilya Prigogine nasceu a 25 de Janeiro de 1917 em Moscovo. Devido à mudança de regime, a família deixou a Rússia em 1921 e, após alguns anos de deslocações pela Europa e uma breve estada na Alemanha, em 1929, estabeleceu-se definitivamente na Bélgica, em Bruxelas, onde o jovem Prigogine concluiu os estudos médios e superiores. A partir de então, a Bélgica tornar-se-á a sua pátria de adopção e, em 1949, ser-lhe--á concedida a nacionalidade belga.

Em Bruxelas estuda química e física na Universidade Livre, onde se licenciou em 1941. Durante estes anos, Prigogine sofre a decisiva influência intelectual de dois dos seus professores, Theophile de Donder, doutor em ciências físicas e titular de um curso de termodinâmica teórica, e Jean Timmermans, experimentador interessado nas aplicações da termodinâmica clássica às soluções líquidas e, mais em geral, aos sistemas complexos.

Depois da obtenção da licenciatura inicia a actividade de investigador na Universidade Livre, mas em breve é obrigado a interrompê-la devido ao encerramento da Universidade que se seguiu à ocupação alemã.

Entretanto, os seus interesses científicos centram-se no estudo dos fenómenos irreversíveis. É neste período que Prigogine começa a considerar o papel essencial dos fenómenos irreversíveis nos seres vivos. Estas investigações confluem na sua tese, apresentada em 1945 na Universidade Livre com o título *Étude Thermo-dynamique des Phénomènes Irreversibles*. Pode dizer-se que, com esta obra, se iniciou o longo processo de elaboração que levará Prigogine a formular em 1967, vinte anos mais tarde, o conceito de estrutura dissipadora.

A importância da obra de Prigogine começa entretanto a ser reconhecida numa esfera cada vez mais ampla e, em 1959, foi nomeado director dos Instituts Internationaux de Physique et de Chimie Solvay.

Em 1967, Prigogine introduz explicitamente o conceito de estrutura dissipadora numa comunicação intitulada *Structure, Dissipation and Life*. Nesta altura, deu-se finalmente conta de que, juntamente com as estruturas clássicas de equilíbrio aparecem também, a uma distância suficiente do equilíbrio, estruturas dissipadoras coerentes. Este tema foi tratado a fundo num livro escrito por Prigogine em 1971, juntamente com Paul Glansdorff, com o título *Structure, Stabilité et Fluctuations*.

A reputação científica de Prigogine, quer como teórico quer como experimentador, espalha-se também fora da Europa. Por isso não foi surpresa a sua nomeação para director do Center for Statistical Mechanics and Thermodynamics da Universidade do Texas (Austin).

O reconhecimento mais significativo do valor da sua actividade no âmbito do estudo dos processos irreversíveis e da termodinâmica dos sistemas complexos deu-se pela atribuição a Prigogine – já vencedor do prémio Solvay em 1965 – do prémio Nobel da Química, em 1977. É do mesmo ano a publicação de uma obra fundamental para a compreensão do seu pensamento, *Self-Organization in Non-Equilibrium Systems*, escrita em colaboração com G. Nicolis.

A variedade e vivacidade dos interesses intelectuais de Prigogine são também atestadas pela audaz tentativa de transpor as suas ideias e sobretudo a intuição do papel fundamental da irreversibilidade nos processos de auto-organização espontânea, para campos diferentes do das físico-químicas. Segundo Prigogine, em condições remotas de equilíbrio, a matéria pode percepcionar diferenças no mundo exterior e reagir com grandes efeitos a pequenas flutuações. Apesar de a não levar até ao extremo, Prigogine sugere a possibilidade de uma analogia com os sistemas sociais e com a história. Fruto destas reflexões é o livro escrito em 1979 juntamente com Isabelle Stengers, *La Nouvelle Alliance. Métamorphose de la Science*. Este livro, certamente o mais conhecido do público não especialista, mantém uma relação ideal com um texto que, por sua vez, suscitara um amplo debate, *Le hasard et la necessité. Essai sur la philosophie naturelle de la biologie moderne*, escrito em 1970 por Jacques Monod, biólogo molecular francês, prémio Nobel em 1965. Segundo Monod, a ciência moderna separou o reinado da verdade objectiva do dos valores produzindo a angústia que caracteriza a nossa cultura. O único caminho a percorrer é o da aceitação de uma austera «ética do conhecimento»; a este propósito escreve Monod: «A antiga aliança quebrou-se; finalmente o homem sabe que está só na imensidade indiferente do universo do qual emergiu por acaso. O seu dever e seu destino não estão escritos em parte alguma. Pertence-lhe a escolha entre o Reino e as trevas».

Prigogine, que afirma ter sido muito influenciado pelo livro de Monod, admite, na *Nouvelle Alliance*, que o bioquímico francês tratou com rigor e coerência as consequências filosóficas da ciência clássica, propensa a determinar as leis universais de uma natureza vista como um mecanismo simples e reversível (o modelo mecanicista do «mundo relógio»). Todavia, a perspectiva científica actual, afirma Prigogine, oferece-nos uma imagem muito diferente: os processos irreversíveis voltam a pôr em jogo as noções de estrutura, função, história. Nesta nova perspectiva, a irreversibilidade é fonte de ordem e criadora de

organização. Por isso, o mundo do homem não deve considerar-
-se uma excepção marginal do universo: sob o signo da recupe-
ração da importância do tempo e dos processos irreversíveis pode
reconstruir-se uma «nova aliança» entre homem e natureza.
 Definitivamente, se «morreu e foi sepultada a antiga aliança,
a aliança animista..., o mundo finalizado», também é verdade
para Prigogine que o «nosso mundo também não é o mundo da
moderna aliança. Não é o mundo silencioso e monótono, aban-
donado pelos antigos encantamentos, o mundo-relógio sobre o
qual nos foi confiada a jurisdição». A conclusão de Prigogine é
um reconhecimento da importância dos problemas levantados
por Monod, mas também e entretanto, um convite para superar
a posição do biólogo francês: «Jacques Monod tinha razão: já é
tempo de assumirmos os riscos da aventura humana... Já é
tempo de novas alianças, alianças desde sempre estabelecidas,
durante tanto tempo menosprezadas, entre a história dos homens, das sociedades, dos saberes e a aventura exploradora da
natureza». Nesta perspectiva de reconciliação das duas culturas,
o saber científico torna-se «auscultação poética da natureza e,
simultaneamente, processo natural na natureza, processo aberto
de produção e de invenção, num mundo aberto, produtivo e
inventivo».

 La Nouvelle Alliance volta a percorrer as principais fases de
desenvolvimento da ciência moderna. Segundo Prigogine, em-
bora no tempo de Newton a ciência tenha operado uma separação entre o mundo do homem e natureza física, partilha com a
religião o interesse em encontrar leis físicas universais que
dêem testemunho da sabedoria divina. Por conseguinte, a ciência moderna nasce da ruptura da antiga aliança animista com a
natureza, mas instaura outra aliança com o Deus cristão, legis-
lador racional do Universo.

 Em breve a ciência chega ao ponto de prescindir do auxílio
teológico e Prigogine indica, na imagem do demónio omnis-
ciente de Laplace, o símbolo da nova ciência: Deus, para usar

uma expressão do próprio Laplace, já não é uma hipótese necessária.

Na opinião de Prigogine também a revisão crítica de Kant não é mais do que uma reviravolta aparente, pois se é verdade que na filosofia kantiana o sujeito impõe a lei à natureza através da ciência, também é verdade que, com Kant, é sancionada a distinção entre ciência e verdade, e com ela a separação entre as duas culturas.

A reconstrução de Prigogine considera que o século XIX se iniciou com um acontecimento inesperado e decisivo: em 1811, Jean Joseph Fourier ganha o prémio da Academia com a abordagem teórica da propagação do calor nos sólidos. Pode considerar-se este acontecimento como a certidão de nascimento da termodinâmica, ciência matematicamente rigorosa mas decididamente «não clássica», estranha ao mecanicismo. Na opinião de Prigogine, a partir daquele momento instauram-se, na física, dois «universais»: a gravitação e o calor.

O impacte tecnológico da termodinâmica é enorme. Porém, foi necessário esperar até 1865 para que Clausius, com o conceito de entropia, extraísse as consequências no plano cosmológico: os êxitos finais, que a nova ciência do calor deixa entrever, são a dissipação da energia, a irreversibilidade e a evolução para a desordem.

Porém, no século XIX considerou-se apenas o último estádio dos processos termodinâmicos. Nesta termodinâmica «do equilíbrio», os processos irreversíveis foram postos de lado como objectos indignos de estudo.

A última parte da *Nouvelle Alliance* mostra como é possível lançar uma ponte entre a concepção estática da natureza e a dinâmica, entre o universo gravitacional e o universo termodinâmico. Isto implica uma drástica revisão do conceito de tempo que na ciência actual não é apenas um parâmetro do movimento, mas «mede evoluções internas de um mundo em desequilíbrio».

Prigogine diz-nos que, hoje, o Universo acessível às nossas investigações explodiu e que o tempo assumiu uma nova imagem: «ironia da história: em certo sentido Einstein tornou-se, contra sua vontade, o Darwin da física. Darwin ensinou-nos que o homem está imerso na evolução biológica; Eisntein ensinou--nos que estamos imersos num Universo em evolução». Através igualmente de uma nova meditação das críticas dirigidas à ciência por um pensador «incómodo», como Bergson, superou--se a divisão entre as duas culturas. É deste modo que Prigogine ultrapassa a conclusão pessimista de Monod, para nos dar, em largos traços, a imagem de um universo em que a organização dos seres vivos e a história do homem já não são acidentes estranhos ao devir cósmico.

Suscitada exactamente pelos mais recentes resultados científicos, a reflexão crítica de Prigogine transforma-se finalmente numa nova imagem da própria ciência: «todas as grandes épocas da ciência tiveram um modelo da natureza. Para a ciência clássica foi o relógio; para a ciência do século XIX..., foi um mecanismo em vias de exaustão. Que símbolo poderia ser o mais adequado para nós? Talvez a imagem que usava Platão: a natureza como uma obra de arte».

Depois da publicação da *Nouvelle Alliance*, Prigogine não cessou de aprofundar as temáticas científicas que andam à volta do conceito de estrutura dissipadora. Actualmente alargaram-se a outros campos, e são conduzidos por grupos de pesquisa, orientados por Prigogine, sobretudo biologia e meteorologia, quer na Universidade Livre quer no Center for Statistical Mechanics and Thermodynamics de Austin.

Em 1978, Prigogine publicou *From Being to Becoming*.

Entrevista(*)

Professor Prigogine, o senhor nasceu em Moscovo, em 1917, no ano da revolução, mas quando tinha quatro anos a sua família deixou a Rússia, desloca-se através da Europa para se fixar na Bélgica em 1929. Referindo-se àqueles anos, descreveu-se uma vez como um adolescente cheio de curiosidade pela história, pela arqueologia, pela música, apaixonado pela filosofia. Por que razão é que, no momento de se inscrever na universidade, prefere estudar química e física?

Penso que se devem ter em conta duas diferentes formas de instabilidade que se juntaram uma à outra. Antes de mais, a instabilidade da adolescência, quando se procura a própria vocação: as mudanças que, então, podem dar a impressão de ser pequenas, com o tempo, acarretam consequências importantes. O meu irmão, mais velho quatro anos, estudou química, e meu pai era também engenheiro químico mas, em casa, talvez porque eu falasse muito, tinha-se como assente que eu iria estudar direito. Assim, eu próprio me tinha convencido disso, mas,

---

(*) Conduzida por Ottavia Bassetti, em Milão, em 27 de Outubro de 1984.

curiosamente, a certa altura aproximei-me muito da psicologia e a psicologia levou-me até à biologia, e daqui o passo para a física e a química, foi rápido. Deste modo, descobri matérias que ignorava totalmente, muito distantes do grego e do latim e, mais em geral, dos estudos humanísticos clássicos em que estava empenhado naquela época. No início, fiquei espantado ao penetrar num universo que de facto não conhecia, e talvez naquele momento me tenha tentado a aprofundar: é isto precisamente o que definiria como a instabilidade da adolescência.

A esta instabilidade da adolescência acrescentou-se a instabilidade do período anterior à guerra. Naquele momento sentíamos todos a iminência da guerra que, evidentemente, nos colocava perante graves interrogações. Que profissão se pode escolher em tempos tão difíceis e incertos?

A vida do arqueólogo ou do músico pareciam então mais arriscadas do que as do físico ou do químico. Foram porventura todas estas considerações que me levaram a escolher a química e a física.

Em 1941 obtém o doutoramento e inicia a sua actividade de investigador. Que significa ocupar-se de investigação em plena Segunda Guerra Mundial?

Para responder devo assinalar alguns factos. Em 1940, tentei alcançar o sul da França, como quase todos os jovens belgas, mas os alemães já haviam bloqueado os caminhos e, assim, tal como muitos dos meus companheiros, tive de regressar à Bélgica.

Devo dizer que, naquele momento, a maioria dos meus professores da universidade pensava que a guerra já estava virtualmente terminada, que a Alemanha vencera e que, por isso, não havia mais nada a fazer senão adaptarmo-nos à nova situação. Por isso, numa primeira fase prossegui o meu trabalho de investigação e apresentei a tese de doutoramento.

Mas, pouco depois da tese, a Universidade Livre de Bruxelas interrompeu a sua actividade. Até então tivera uma discreta margem de autonomia mas, depois, as exigências do inspector alemão tomaram-se tais que obrigaram a universidade a fechar. Levantou-se assim um novo problema, o de continuar a ensinar os alunos, e empenhei-me então na actividade didáctica clandestina. Foi a minha primeira experiência prática, ensinar em casas particulares, nas enfermarias dos hospitais, onde se podia.

Naturalmente que não posso dizer que me ocupei muito com a investigação; desde 1941 até ao fim da ocupação alemã foi sobretudo um período de reflexão dominado pelo grande acontecimento da Segunda Guerra Mundial. Às vezes interrogo-me se a insistência que ponho no meu trabalho sobre o tempo não derivou de alguma maneira da minha vida de emigrado, em primeiro lugar, e depois desta experiência de testemunha de acontecimentos tão importantes. Quem vive na segunda metade do século XX não pode aperceber-se de como era o mundo nos anos 40, quando Mussolini, Hitler e Estaline dividiam entre si grande parte do poder mundial.

Creio que o facto de ter atravessado todos aqueles anos me deu uma forte consciência da realidade do tempo. Como Popper lembra muitas vezes, o tempo não pode ser uma ilusão porque seria como negar Hiroshima. E, em certa medida, quando falo desta realidade do tempo, talvez fale da minha própria vida.

O tempo-real da biologia e o tempo-ilusão da física são duas concepções do tempo a que volta continuamente no seu livro La nouvelle alliance[1], *por exemplo quando fala da*

---

[1] I. Prigogine e I. Stengers, *La Nouvelle Alliance, Métamorphose de la Science*, Paris, Gallimard, 1979 [trad. port.: *A Nova Aliança: Metamorfose da Ciência*, col. Ciência Aberta, Lisboa, Gradiva, 1987].

polémica entre Bergson e Einstein. Pensa que estas duas posições são sempre inconciliáveis?

Antes de responder desejaria, em primeiro lugar, insistir no facto de que o tempo exterior à física, impelido em certo sentido para fora da física, na realidade é um elemento comum a Bergson e a Einstein, e também a outros, como Heidegger, por exemplo. Trata-se de um problema que supera de longe a controvérsia entre Bergson e Einstein; para o situar com exactidão é necessário remontar às fontes do pensamento filosófico ocidental.

Aristóteles diz que o tempo é o estudo do movimento, mas – acrescenta – na perspectiva do antes e do depois([2]). Mas a partir de que é dada esta perspectiva do antes e do depois? Aristóteles não dá uma resposta: afirma que talvez seja a alma que efectua a operação do contar.

Einstein retoma a mesma pergunta: onde está o tempo? Talvez na física? E responde que não. Numa conversa com Carnap diz textualmente: «O tempo não está na física».

Se escolho o ponto de vista da física, o tempo, enquanto irreversibilidade, é ilusão e portanto não pode ser objecto de ciência. Sob este ponto, curiosamente, Einstein vai ao encontro quer de Bergson quer de Heidegger: Bergson defende que o tempo não pode ser objecto de ciência, porque é demasiado complexo para a ciência.

Então, porque penso, inversamente, que estamos a entrar num período de reorganização conceptual da física? Porque hoje vemos fenómenos irreversíveis na natureza e compreendemos o papel construtivo destes fenómenos irreversíveis. Vemos formarem-se estruturas, vemos como algumas regiões do espaço estão organizadas pela irreversibilidade.

([2]) «O tempo é o número do movimento segundo o antes e o depois»: Aristóteles, *A Física*.

Estes fenómenos irreversíveis podem dar-nos hoje aquela perspectiva do antes e do depois que Aristóteles procurava. Actualmente, a nossa tarefa é incorporar esta irreversibilidade na estrutura fundamental da ciência.

Hoje, bem ou mal, todos concordamos sobre a importância da evolução em cosmologia, nas partículas elementares, em biologia, nas ciências humanas; todos estão de acordo sobre a importância do tempo.

Mas não há acordo sobre uma questão crucial: Devemos considerar o tempo como aquilo que conduz ao homem e não o homem como o criador do tempo. No fundo, é este o ponto da questão. E, todavia, sobre ele não há a unanimidade dos físicos. É um ponto sobre o qual existem muitas e diferentes opiniões.

Um dos meus melhores amigos e colegas, John A. Wheeler[3], um eminente físico muito conhecido, desenvolveu o conceito de *observer participancy description* do universo. Nesta descrição é o observador, o homem, a consciência, que cria o tempo, que não existiria num universo sem homens e sem consciência.

Ao contrário, para mim o homem faz parte desta corrente de irreversibilidade que é um dos elementos essenciais, constitutivos do universo.

Por conseguinte, ainda que a polémica entre Einstein e Bergson esteja actualmente superada, o debate prossegue a outros níveis. Volta a pergunta: o tempo é essencial como

---

[3] John Archibald Wheeler, físico americano, nascido em 1911 em Jacksonville (Florida); estudou em Copenhaga com N. Bohr; a partir de 1938, foi professor em Princeton e colaborou nos projectos Manhattan e Matterhorn. Wheeler introduziu na física nuclear os conceitos de matriz *de scattering e* estrutura colectiva ressonante e, juntamente com N. Bohr, explicou o mecanismo da fissão nuclear; em 1933, propôs o conceito de modelo colectivo do núcleo atómico enquanto, com F. C. Werner, elaborou as características do modelo de gota. Para a sua concepção do tempo cfr. John A. Wheeler, *Frontiers of time*, Amsterdão, North-Holland, 1979.

pensava Bergson e, enquanto tal, nunca científico? Ou então o tempo é acessório, como pensava Einstein?

Estou convencido de que o tempo é objecto da ciência. Deve ser colocado no seu lugar na estrutura da ciência moderna e este lugar, na minha opinião, é fundamental, é o primeiro. Portanto, é necessário pensar no universo como numa evolução irreversível; a reversibilidade e a simplicidade clássicas tornam-se, então, casos particulares.

Muitos viram nestas suas reflexões a investigação de uma concepção rigorosamente «laica» do tempo...

«Laico» é uma palavra que pode ter muitos significados. Se querem dizer que a concepção clássica, em que o tempo é relegado para fora da física, é uma concepção que atribui ao homem poderes quase divinos, estou de acordo, porque creio efectivamente que a ciência foi feita pelo homem que, por sua vez, é parte da natureza que descreve. A ideia de uma omnisciência e de um tempo criado pelo homem pressupõe que o homem seja diferente da natureza que descreve, concepção que considero não científica. Quer sejamos laicos quer religiosos, a ciência deve ligar o homem ao universo. O papel da ciência é exactamente o de encontrar ligações, e o tempo é uma delas. O homem provém do tempo; se, pelo contrário, o homem criasse o tempo, este seria evidentemente uma barreira entre o homem e a natureza.

Portanto, sob este ponto de vista, a minha resposta é que, efectivamente, esta é uma concepção laica e creio que a ciência deve ser laica, sejam quais forem as extrapolações permitidas fora da ciência.

Nesta concepção do tempo, o Big Bang *já não pode reproduzir-se. Portanto é a ideia de um universo em contínua evolução?*

Efectivamente creio numa evolução contínua do universo e creio que todas as teorias que pretendem descrever o que será o estado do universo daqui a alguns biliões de anos são prematuras e simplistas. É que as grandes linhas da história do universo são feitas por uma dialéctica, se posso exprimir-me assim, entre a gravitação e a termodinâmica, ou, se quisermos, entre Einstein e Boltzmann([4]).

A este nível não dispomos ainda de uma boa teoria unitária da gravitação e da termodinâmica. É um problema que me interessa muito, e no qual ainda trabalho. Estou convencido de que há uma estreita relação entre a termodinâmica e a gravitação.

Nestas condições, o futuro do universo não está de facto determinado, ou pelo menos não o está mais do que qualquer outra coisa que faça parte da vida do homem ou da vida da sociedade. Na minha opinião, a mensagem lançada pelo segundo princípio da termodinâmica é que nunca podemos predizer o futuro de um sistema complexo. O futuro está aberto, e esta abertura aplica-se tanto aos pequenos sistemas físicos como ao sistema global, o universo em que nos encontramos.

Mas aquilo que presenciamos, isto é, a evolução biológica e a evolução da sociedade, certamente que é uma história do tempo, uma história natural do tempo. De facto, sabemos que, juntamente com o tempo mecânico, a irreversibilidade conduz a tempos químicos, tempos internos, e a diferença entre uma

---

([4]) Ludwig Boltzmann (1844-1906), físico austríaco; deu contributos fundamentais para o desenvolvimento da teoria cinética dos gases e é praticamente o fundador da termodinâmica estatística (propôs a interpretação probabilística do segundo princípio da termodinâmica); também são de grande importância as suas reflexões epistemológicas que o levaram a defender o carácter hipotético do conhecimento científico; foi professor de física teórica em Munique (1890-1894) e em Leipzig (1900-1902) para depois ocupar a prestigiosa cátedra vienense de *Naturphilosophie*, já de E. Mach, desde 1902 a 1906.

reacção química que podemos alimentar e a vida, é que, no caso da reacção química, quando deixamos de alimentá-la, este tempo interno morre.

Pelo contrário, com o aparecimento da vida, nasceu um tempo interno que prossegue durante biliões de anos de vida e se transmite de geração em geração, de espécie em espécie, e não apenas se transmite como se torna cada vez mais complexo.

Assim como há uma história para os computadores que, num dado tempo astronómico, conseguem produzir cada vez mais cálculos, também há uma história biológica do tempo que corresponde a uma estrutura cada vez mais complexa deste tempo. Podemos ler esta estrutura no tempo musical, por exemplo, e comparar cinco minutos de Beethoven com cinco minutos do movimento da Terra.

O movimento da Terra prossegue uniformemente durante estes cinco minutos. Nos cinco minutos de Beethoven, pelo contrário, há abrandamentos, acelerações, repetições, antecipações de temas que aparecerão sucessivamente; portanto, um tempo muito mais independente do tempo exterior, que nem sequer poderia ser concebido por outros organismos menos evoluídos.

Ler a história do universo como história de um tempo autónomo, ou de uma autonomia crescente do tempo, é, na minha opinião, uma das tentações interessantes da ciência contemporânea.

Falando de tentações, desde o início das suas investigações voltou-se para a pesquisa dos fenómenos irreversíveis, apesar de se estar num período em que a maior parte dos cientistas considerava bastante estéril este ramo da termodinâmica. O que o atraiu para este caminho?

Creio que não é possível compreender esta escolha sem voltar de novo à minha biografia pessoal. No fundo, cheguei às ciências «exactas», digamos assim, partindo das ciências humanas. Por conseguinte, a ideia do tempo e, ligada a esta, a ideia da complexidade esteve sempre presente nas minhas reflexões. Em síntese, voltei-me para a ciência da complexidade que é, historicamente, a termodinâmica. Sim, historicamente, a ideia era que o grande sucesso da ciência consistiria na decomposição dos sistemas em peças, em átomos, em moléculas, em partículas elementares, em biomoléculas, em indivíduos, enquanto a única ciência que se esforçava por ver o conjunto, sem todavia conseguir grandes resultados, há que dizê-lo, era a termodinâmica.

Você tem razão: a maior parte dos físicos, grandes físicos, a quem eu tinha informado do projecto de me ocupar da termodinâmica, tinham-se oposto, defendendo que era uma escolha ridícula. Mas curiosamente, talvez por ser teimoso por temperamento, ou talvez porque isto correspondia a uma interrogação profunda que superava as questões científicas, é que me apliquei até ao fundo. Foi provavelmente devido a isto que prossegui na investigação termodinâmica.

E, actualmente, em que ponto estamos?

Penso que chegámos a uma encruzilhada. Encontramo-nos perante um universo mecânico ou um universo termodinâmico? O que está antes? As leis reversíveis da mecânica, da mecânica quântica, da relatividade? Ou a direcção do tempo, como dizia Aristóteles, a perspectiva do antes e do depois? Os termos desta questão mudaram muito ao longo da minha carreira científica.

Um dos novos conceitos que emergiram da sua investigação é o de «estrutura dissipadora» ([5]), *a que chegou em 1967, no*

([5]) Para o conceito de estrutura dissipadora cfr. I. Prigogine e G. Nicolis, *Self-organization in non equilibrium systems, from dissipative structures to order through fluctuations*, Nova Iorque, Wiley, 1977; e I. Prigogine e I. Stengers, *La Nouvelle Alliance* [*A Nova Aliança*].

termo de uma fase de trabalho iniciada em 1947. Quais foram as ideias directrizes, os momentos decisivos desses vinte anos?

Ao considerar esta evolução pode causar espanto o facto de terem sido necessários mais vinte anos para dar este passo, mas, por outro lado, tratava-se de um campo que fora pouco estudado, que de modo algum se apresentava interessante e, nestas condições, não havia orientações já traçadas, não havia um ponto de referência determinado capaz de indicar o caminho.

Quando comecei, a termodinâmica era uma termodinâmica do equilíbrio. E tive de seguir um percurso a saltar entre o equilíbrio e aquilo que estava muito longe do equilíbrio. É verdade que existia uma teoria dos pontos próximos do equilíbrio que era a teoria de Onsager [6] e outros, mas era pouco relativamente àquilo que se podia fazer longe do equilíbrio, um campo que, por outro lado, está ainda por explorar.

A novidade a que, a pouco e pouco, cheguei e que foi uma surpresa para mim, é que longe do equilíbrio a matéria adquire novas propriedades, típicas das situações de não-equilíbrio, situações em que um sistema, longe de estar isolado, é submetido a fortes condicionamentos externos (fluxos de energia ou de substâncias reactivas). E estas propriedades completamente novas são verdadeiramente necessárias para compreender o mundo à nossa volta.

A expressão «estruturas dissipadoras» enquadra estas novas propriedades: sensibilidade e, daí, movimentos coerentes de grande alcance; possibilidade de estados múltiplos e, daí, historicidade das «escolhas» adoptadas pelos sistemas. São propriedades, estudadas pela física matemática não linear neste «novo estado da matéria», que caracterizam os sistemas submetidos a condições de não-equilíbrio.

---

[6] Para a teoria de Onsager dos pontos próximos do equilíbrio baseada nas relações de «reciprocidade» descobertas pelo mesmo Lars Osanger em 1931, cfr. I. Prigogine e I. Stengers, *La Nouvelle Alliance* [A Nova Aliança].

Pode dar-me um exemplo?

Em condições de equilíbrio, qualquer molécula só vê aquilo que a rodeia de perto. Mas quando nos encontramos perante estruturas de não-equilíbrio, como as grandes correntes hidrodinâmicas ou os relógios químicos, devem ser sinais que percorrem todo o sistema, deve suceder que os elementos da matéria comecem a ver mais além e que a matéria se torne «sensível».

Ora, não sou um biólogo, mas é evidente que relativamente à vida isto tem um grande significado. A vida não é só química. A vida deve ter incorporadas todas as outras propriedades físicas, isto é, a gravitação, os campos electromagnéticos, a luz, o clima. De alguma maneira foi necessário uma química aberta ao mundo exterior, e só a matéria longe das condições de equilíbrio tem esta flexibilidade. E porquê esta flexibilidade? Longe das condições de equilíbrio, as equações não são lineares, são possíveis muitas propriedades, muitos estados que são as diversas estruturas dissipadoras acessíveis. À medida que nos aproximamos do equilíbrio, a situação é oposta: tudo se torna linear e só há uma solução.

Mas foi necessário algum tempo para chegar a esta concepção que, naquela altura, representava uma novidade absoluta. Naturalmente que se acrescentaram muitas outras coisas, os pontos de atracção, a sensibilidade às condições iniciais, o caso «determinista», mas tudo isto se acrescentou depois.

Se agora me pergunta quais os elementos que me influenciaram, citarei antes de mais o livro de Schrödinger, *What is life?*([7]), um livro muito interessante, frequentemente profético, que procura compreender a estrutura das biomoléculas.

([7]) Erwin Schrödinger, *What is life?*, Cambridge University Press, 1944 [trad. port.: *O que é a Vida?: espírito e material*, Lisboa, Fragmentos, 1989].

Schrödinger falava de cristais aperiódicos, e esta é uma visão verdadeiramente profética, mas quando chegava à ordem biológica dizia: «deve existir algo no mecanismo da vida que a impede de degradar-se, deve ser um fenómeno irreversível»; mas não teve nada que dizer sobre este fenómeno.

A mim ocorreu-me a ideia de que é a função que cria a estrutura. Vejamos uma cidade: a cidade só vive porque opera intercâmbios de matérias-primas ou de energias com o campo que a circunda. É a função que cria a estrutura. Mas a função, o fluxo de matéria e de energia, é evidentemente uma situação de não-equilíbrio.

O livro de Schrödinger fez-me intuir, em 1945, que os fenómenos irreversíveis podiam ser a fonte da organização biológica e, a partir de então, esta ideia nunca mais me abandonou.

Outro livro que me influenciou, poderá talvez espantar, é o de Jacques Monod, *O acaso e a necessidade*([8]). De facto, não estava de acordo com Monod, porque colocava a vida fora da matéria, como um epifenómeno devido ao acaso, mas de qualquer modo estranho às grandes leis.

Aquilo que aprendi da termodinâmica permitia-me ter uma concepção completamente diferente. De acordo com o meu ponto de vista, a vida exprime melhor do que qualquer outro fenómeno físico algumas leis essenciais da natureza. A vida é o reino do não-linear, a vida é o reino da autonomia do tempo, é o reino da mutiplicidade das estruturas. E isto não se vê facilmente no universo não vivo.

No universo não vivo existem sim estruturas, existe o não--linear, mas os tempos da evolução são muito mais longos, enquan-

---

([8]) Jacques Monod, *Le hasard et nécessité; essai sur la philosophie naturelle de la biologie moderne*, Paris, Editions du Seuil, 1970 [trad. port.: *O acaso e a necessidade: ensaio sobre a filosofia natural da biologia moderna*, Mem Martins, Europa-América, 2002].

to a vida se caracteriza por esta instabilidade que faz que vejamos nascer e desaparecer estruturas em tempos geológicos. E é por isso que vou mais longe e digo: a vida humana, a vida das sociedades permite-nos observar ainda melhor este fenómeno, porque nestes casos vemo-lo numa escala de tempo ainda mais curta.

Em síntese, o livro de Monod, com o qual não estava efectivamente de acordo, permitiu-me tornar melhor consciência da questão metafísica que estava em jogo, porque, e aqui está a sua grandeza, ousava levantar problemas em toda a sua generalidade, em toda a sua amplitude, que definiria como metafísica.

Assim, este livro levou-me a tomar consciência da importância destas questões em jogo, pelo facto de não se tratar de pequenos problemas reservados à técnica científica, mas de problemas sobre os quais tinham procurado reflectir todos aqueles que fizeram a história intelectual do homem.

Os seus estudos de termodinâmica atribuíram-lhe um importante papel na comunidade científica: em 1977 recebe o prémio Nobel. Mas, no final dos anos 70, escreve A Nova Aliança. *Que itinerário o levou a escolher novos interlocutores?*

É verdade que eu próprio me sinto um ser híbrido, interessado nas duas culturas: as ciências humanísticas e as letras, por um lado, e as ciências ditas exactas, por outro. Com efeito, vivi muito intensamente este conflito entre as duas culturas durante os meus estudos e até nas leituras que fazia. Dizia-se que a divisão entre as duas culturas se devia ao facto de os não cientistas não lerem Einstein e de aqueles que se ocupavam de ciência não terem cultura literária. Penso que é uma maneira muito superficial de ver as coisas. Antes de mais, houve sempre obras solidamente baseadas nas duas culturas; veja-se, por exemplo, o caso de Zola em França, muito influenciado pela revolução industrial, ou as fontes do pensamento de Lévi-

-Strauss (refiro-me sobretudo a *Tristes Trópicos*)(⁹), ou Freud; há toda uma série de obras contemporâneas que foram buscar a sua inspiração às duas culturas. E, todavia, existe uma contraposição que provém do facto de o ideal da ciência ser o ideal de um esquema universal e atemporal, enquanto as ciências humanas se baseiam num esquema histórico ligado ao conceito de situações ou estruturas novas que se sobrepõem a outras. Por outro lado, a criação literária baseia-se totalmente no tempo e, em grande parte, no tempo vivido. Nestas condições, o dilema das duas culturas é um dilema importante.

Fiquei profundamente impressionado pelo facto de os fenómenos como a arte abstracta terem nascido de uma necessidade de renovar a visão artística. Para renovar esta visão, Kandinsky e Mondrian procuraram inspirar-se na teosofia, isto é, numa dimensão anticientífica. Inversamente, aqueles que tomaram a sério a visão científica, Malevich, na pintura, ou Beckett, na literatura, descreveram, pelo contrário, a solidão do homem. Portanto, não se trata de um falso problema: verificou--se um divórcio entre a situação existencial do homem, na qual o tempo desempenha um papel essencial, e a visão atemporal, vazia, da física clássica, mesmo com as integrações e as novidades trazidas pela mecânica quântica e pela relatividade.

Deste modo, quando pude fazer progressos na compreensão do tempo, no interior das ciências, convenci-me de que tinha a possibilidade de superar esta dicotomia das duas culturas. Não atacando a ciência como um instrumento positivista, nem atacando a arte e a literatura como se fossem artifícios; mas antes sublinhando como se criou uma unidade cultural que provém do interior da ciência, pondo em evidência uma *nouvelle vague* crescida no interior da ciência e capaz de superar esta dicotomia clássica.

(⁹) Claude Lévi-Strauss, *Tristes Tropiques*, Paris, Plon, 1955 [tr. port.: *Tristes Trópicos*, Lisboa, Edições 70].

Esta consciência deu-me energia para tentar escrever algo que tivesse em conta a nova situação. Em termos globais, posso dizer que este esforço foi bem acolhido, e cito casualmente o facto de o meu livro ter sido traduzido em dezasseis línguas. E claro que também existem polémicas. O meu livro diz que polémicas são estas, e creio que exprime uma corrente de síntese muito radicada no nosso tempo.

O senhor veio a Milão para recordar o prémio Nobel de Giulio Natta. Também Natta, no trabalho que o levaria à invenção do prolipropileno, reflectiu sobre processos que permitem chegar a estruturas com elevado grau de ordem e sobre propriedades delas derivadas. Existiu algum contacto conceptual entre as vossas duas linhas de investigação?

Encontrei muitas vezes Natta pessoalmente. Não sou um especialista dos polímeros, mas há um problema fundamental que nos aproxima. Para explicar melhor referir-me-ei a um seminário recentemente efectuado em Bruxelas que andava à volta desta pergunta: «Quais as diferenças entre a química orgânica e a química biológica»?

A diferença é que, na química biológica, moléculas como as do ADN são moléculas que têm uma história e que, com a sua estrutura, nos falam do passado em que foram constituídas. São fósseis, ou, se preferirmos, testemunhos do passado, enquanto uma molécula orgânica hoje criada é uma testemunha do presente e não teve uma evolução histórica.

Então, diria que aquilo que aproxima o trabalho do meu grupo das investigações de Natta é o facto de seguir numa direcção semelhante àquela que Natta escolhera e que tanto sucesso lhe valeu: compreender como a irreversibilidade do ambiente se fixa na ordem molecular de um polímero. Levámos recentemente a cabo experiências essencialmente numéricas, por agora, em que mostramos que, a partir de reacções de um certo tipo, isto é, de não-equilíbrio, caóticas, se podem transcrever, se podem formar cadeias com uma estrutura ordenada e uma simetria rompida, um pouco como o ADN que, de certo modo, necessita de ler um texto da esquerda para a direita. E esta nova ruptura da simetria no espaço é uma consequência da ruptura da simetria temporal, da diferença entre o passado e o futuro. Portanto, em certa medida, poderia dizer-se que às preocupações estruturais de Natta eu quis sobrepor as minhas preocupações, ou as do meu grupo, que são preocupações temporais.

Quando olhamos para um cristal de neve, observando a sua estrutura, podemos adivinhar em que condições atmosféricas se formou: se estava uma atmosfera fria ou mais ou menos saturada, e assim por diante. Um dia, observando uma molécula da vida, um ADN, ou um polímero, poderemos compreender em que circunstâncias geológicas ou biológicas estas moléculas se formaram.

Voltamos assim àquele que tem sido o assunto de toda a nossa conversa, o problema do tempo. Como se imprime o tempo na matéria? Em resumo, é esta a vida, é o tempo que se inscreve na matéria, e isto vale não só para a vida, mas também para a obra de arte. Tomemos como exemplo a escultura, as obras mais antigas que conhecemos, os *graffiti* que o homem de Neanderthal escavava na pedra, ou aqueles que existem aqui na Itália, nos Alpes. Que significam estes *graffiti*?

Nada sabemos a seu respeito e, no entanto, parece-me que a obra de arte é a inscrição da nossa simetria rompida (uma assimetria muito acentuada, porque vivemos muito intensamente no tempo) na matéria, na pedra.

O Nascimento do Tempo

O texto que se segue é uma transcrição da conferência apresentada por Ilya Prigogine em Roma, a 12 de Fevereiro de 1987, no âmbito do Progetto Cultura Montedison.

O tema da minha comunicação diz respeito a uma pergunta clássica: o tempo tem um «início»? Sabemos que Aristóteles, no termo de uma análise do instante, concluía com a tese de que o tempo é «eterno» e que, na realidade, não se pode falar de um seu «início». Outras concepções, por exemplo as da tradição bíblica, levaram certos filósofos à ideia de que o tempo foi criado «num certo momento», como as outras criaturas; tal foi, por exemplo, a opinião de Moisés Maimónides. Por seu lado, pensadores como Giordano Bruno ou Einstein acreditavam num tempo eterno. O que quereria agora mostrar-vos é que actualmente esta *quaestio disputata* pode ser retomada sob uma nova perspectiva.

Certamente que não é minha intenção propor soluções definitivas para um problema que voltará a ser levantado em muitas outras gerações. O que é claro é que, no contexto da ciência clássica, esta pergunta não podia ter sentido. O universo aparecia como um autómato que, na realidade, não possui uma história: «uma vez posto a caminho», ele «prossegue» o seu percurso até ao infinito. Também sabemos que, a partir do século XIX, a ideia de evolução entrou à força na ciência, graças sobretudo à biologia darwiniana. A partir daí, a pergunta era feita com toda a clareza: basta lembrar o exemplo de Charles S. Peirce, que muito justamente se perguntava como podia conceber-se um reino evolutivo vivo no mundo estático e determinista que a ciência oficial descrevia.

Que exigências devia satisfazer a física perante um universo evolutivo? Veremos que, actualmente, se podem enumerar três: a *irreversibilidade*, o aparecimento da *probabilidade* e a *coerência*, que constituem as condições de existência das novas estruturas que a física dos processos afastados do equilíbrio encontrou.

Vamos encarar estas exigências considerando, antes de mais, a escala dos fenómenos que nos circundam, a escala dita macroscópica, aquela que a física da matéria condensada descreve. Agora só fornecerei um breve resumo, pois já tive ocasião de falar dela sob os auspícios da Montedison, que sobre o assunto publicou depois um belo opúsculo, *Il ruolo creativo del tempo*(*).

A seguir veremos qual o preço que a física fundamental deve estar disposta a pagar no caso de se poder pensar que o tempo desempenhe este papel. Quais são as implicações à escala dos mecanismos microscópicos, sob o ponto de vista da dinâmica? Se o mundo estivesse irremediavelmente submetido a um conjunto de leis à moda de Kepler, não encontraríamos nele senão evoluções do tipo das que nos mostram as trajectórias planetárias, e não haveria nele direcção privilegiada do tempo. Mas o mundo, começa a suspeitar-se, *não* é um conjunto de pêndulos, não é feito de movimentos periódicos simples. Qual é, então, o

---

(*) Milão, Imago, 1985; traduzido com o título «O papel criativo do tempo», na presente edição, pp. 59 e segs.

tipo de sistema dinâmico que pode levar à irreversibilidade? Este é o ponto que discutiremos, sobretudo no contexto da mecânica clássica.

Na terceira parte, que apresentará alguns resultados recentes, encararemos a escala cosmológica. É necessário sublinhar que a irreversibilidade é uma propriedade comum a todo o universo: todos envelhecemos na mesma direcção. Também se pode conceber que um meu amigo rejuvenesça enquanto envelheço, ou que eu rejuvenesça enquanto ele envelhece. Mas isto não se verifica: parece que existe uma flecha do tempo comum a todo o universo, e é por isso que não poderemos evitar falar de cosmologia.

Finalmente levantar-se-á a questão: como apareceu o tempo no universo? No momento do *Big Bang*? Gostaria de tentar mostrar como, em certo sentido, o tempo *precede* o universo; isto é, que o universo é o resultado de uma instabilidade que sucedeu a uma situação que a precedeu; em síntese, o universo terá resultado de uma mudança de fase em grande escala.

1. A Irreversibilidade a Nível Macroscópico

Antes de mais gostaria de dizer algumas palavras sobre fenómenos macroscópicos. Todos nos lembramos do segundo princípio da termodinâmica. Dado um sistema, isto é, uma porção arbitrária de espaço, o segundo princípio diz que existe uma função, a entropia, que podemos decompor em duas partes: um fluxo entrópico proveniente do mundo exterior e uma produção de entropia própria do sistema considerado.

É esta produção de entropia interna que é sempre positiva ou nula, e que corresponde aos fenómenos irreversíveis. Todas as reacções químicas são irreversíveis; todos os fenómenos biológicos são irreversíveis.

Mas, que é a irreversibilidade? Para muitos homens de ciência (e para a maioria dos divulgadores) a irreversibilidade corresponde à dissipação, à desordem: toda a estrutura seria conquistada por uma forte luta contra o segundo princípio; assim para a vida como para o universo.

Quero imediatamente insistir já – e a isto voltarei no contexto cosmológico – no facto de a produção de entropia conter sempre dois elementos «dialécticos»: um elemento criador de desordem, mas também um elemento de criação de ordem. E os dois estão sempre ligados.

Isto pode ver-se num simples exemplo. Em duas caixas comunicantes colocamos uma mistura de dois constituintes, hidrogénio e azoto; se a temperatura interna do sistema é homogénea, acontecerá o mesmo com a distribuição do hidrogénio e com a do azoto. Mas se submetermos as extremidades do sistema a temperaturas diferentes, criamos uma distribuição contrastada: aqui prevalecerá o hidrogénio, acolá o azoto.

Portanto, submetendo o sistema a uma constrição térmica, cria-se evidentemente uma dissipação, um aumento de entropia, mas também um fenómeno de ordem. É o fenómeno dito da antidifusão (cfr. fig. 1).

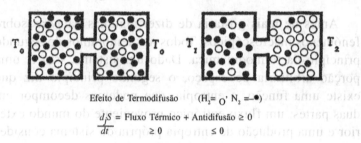

Efeito de Termodifusão $(H_2 = O, N_2 = \bullet)$

$\frac{d_iS}{dt}$ = Fluxo Térmico + Antidifusão ≥ 0
$\quad \geq 0 \quad \leq 0$

Fig. 1

Aqui, ordem e desordem aparecem ao mesmo tempo. Este fenómeno exige uma mudança de paradigma, porque classicamente associava-se a ordem ao equilíbrio (caso dos cristais) e a desordem ao não-equilíbrio (caso da turbulência). Hoje sabemos que é inexacto: a turbulência é um fenómeno altamente estruturado, em que milhões e milhões de partículas se perseguem num movimento extremamente coerente. Isto também é válido para muitos outros fenómenos como, por exemplo, os relógios químicos, que são reacções oscilantes: podemos ver a solução tornar-se vermelha e depois azul, vermelha, azul e assim sucessivamente...

Este é um fenómeno ordenado, que traduz a instauração de uma coerência entre as moléculas. Actualmente, as experiências de laboratório (como as experiências numéricas sobre computadores) mostram que, quando se depara com o domínio do não-equilíbrio, se estabelecem novas interacções de longo alcance: o universo do não-equilíbrio é um universo coerente. E isto representa um facto novo, que contradiz tudo quanto se pensava ainda há poucos anos.

O exemplo clássico é, neste caso, a instabilidade de Bénard. Se aquecermos uma camada de líquido a partir de baixo, podemos ver formarem-se vórtices, fenómenos coerentes que transmitem o calor mais eficazmente no que se refere apenas à condução térmica. É um exemplo de bifurcação que leva ao aparecimento de novas estruturas, as estruturas do não-equilíbrio, a que já se convencionou chamar *estruturas dissipativas*. O não-equilíbrio constitui o domínio por excelência da multiplicidade das soluções (cfr. fig. 2).

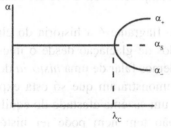

Bifurcação: Concentração de uma espécie química α em função de um parâmetro λ.
Para valores de λ inferiores ao limiar λ_c existe uma solução α_s.
Para além deste limiar, tal solução torna-se instável, e aparecem novas soluções.

Fig. 2

A figura 2 mostra as variações da concentração de um componente de uma reacção química em função da eliminação do equilíbrio. Qual é o mecanismo do aparecimento destas novas estruturas? Voltaremos a isto no contexto da cosmologia: é sempre um mecanismo de amplificação das flutuações. Sabemos que, numa reacção química, se produzem, sem cessar, flutuações. Há sempre, aqui e acolá, um pouco mais ou um pouco menos de um dado composto como se não fosse desejável a sua concentração média. Sem dúvida que, para um estado próximo do equilíbrio ou em equilíbrio, este facto é insignificante: as flutuações morrem e o ambiente regressa a um estado homogéneo. Mas, afastado do equilíbrio, pode produzir-se o inverso: em vez de se observar um regresso ao estado inicial, vemos uma amplificação das flutuações, e esta amplificação leva a uma nova situação, que dá origem a uma série de possibilidades variadas que hoje a física mal começou a explorar. Não há, actualmente, um campo mais «explosivo» do que o estudo dos fenómenos do não-equilíbrio.

Porquê o interesse pelo não-equilíbrio? Porquê este interesse por estas novas estruturas? Porque actualmente sabemos que muitos fenómenos interessantes observados no laboratório, e que desempenham um papel fundamental no mundo que nos rodeia, não são compreensíveis a não ser baseando-nos no não--equilíbrio.

Um exemplo flagrante é a história do clima, com os seus inúmeros períodos de glaciação desde o início do quaternário. É assim que podemos falar de uma *história* do clima. Investigações recentes demonstraram que só esta expressão implica já que a biosfera é um sistema afastado do equilíbrio. Um sistema em equilíbrio não tem nem pode ter história: apenas pode persistir no seu estado, em que as flutuações são nulas.

2. A Irreversibilidade Microscópica

Mas, como é possível que os fenómenos irreversíveis desempenhem este papel na natureza? Se pensarmos no pêndulo não vemos como podem aparecer nele a irreversibilidade ou a probabilidade. No exemplo da bifurcação, a que antes me referi, há duas possibilidades, dois possíveis estados depois da bifurcação. Irreversibilidade e probabilidade são noções estreitamente ligadas, como sabemos, depois de Boltzmann. Também sabemos que, na mecânica quântica, a noção de probabilidade é essencial, mas aqui vemo-la impor-se a nível macroscópico.

Desejaria analisar um pouco mais de perto o papel das probabilidades com um exemplo banal. Ao brincar com uma moeda, verifico que aproximadamente ela cai uma em duas vezes num lado, uma em duas vezes no outro. Nenhum destes eventos tem a mesma probabilidade. Qual é a lei fundamental da natureza? É uma lei determinista? As leis da mecânica clássica devem, de qualquer maneira, aplicar-se a esta moeda: é uma massa pesada e não um átomo. Mas verificamos também que o resultado é probabilístico e não determinístico.

Como conciliar probabilidade e determinismo no caso da moeda? Poderia depender da precisão, de que me preveni, das condições iniciais. Se posso efectivamente impor condições iniciais suficientemente exactas para predizer o resultado do jogo, posso concluir que o resultado é determinístico, e o emprego das probabilidades derivaria, neste contexto, da minha ignorância relativa das condições iniciais.

Esta é a imagem que a maioria das pessoas tem das probabilidades. Fico surpreendido ao encontrar um amigo em Roma; fico surpreendido porque não lhe telefonei antes de partir; se lhe tivesse telefonado, teria tido conhecimento da sua viagem a Roma e ficaria menos surpreendido por tê-lo encontrado. Mas, como não lhe telefonei, passo por um sentimento de surpresa. Mas: a ignorância é a única fonte da surpresa? NÃO: existem sistemas dinâmicos tais que nenhum conhecimento finito das condições iniciais permite prever o resultado do jogo.

Para esta espécie de sistemas dinâmicos basta que mude infinitesimamente a minha condição inicial para que outro evento se produza.

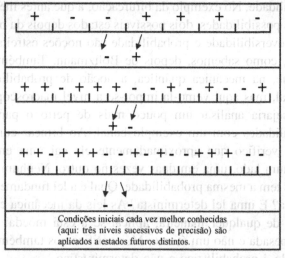

Condições iniciais cada vez melhor conhecidas (aqui: três níveis sucessivos de precisão) são aplicados a estados futuros distintos.

Fig. 3

Seja qual for a precisão finita das minhas condições iniciais, nunca posso «determinar» um ponto na figura 3; por outras palavras, a situação dinâmica é de tal modo instável que qual-

A IRREVERSIBILIDADE MICROSCÓPICA

quer solução (+) é circundada pela solução (-), e qualquer solução (-) é circundada pela solução (+).

Sabe-se que os números reais são formados por números racionais e por números irracionais, e também se sabe que qualquer número racional é «circundado» por números irracionais e que todo o irracional é «circundado» por números racionais. Como decidir que um dado ponto corresponde a um número racional ou a um número irracional, ainda que disponhamos de uma precisão arbitrária? Nunca poderemos decidir. Veremos como, na predição do comportamento dos sistemas instáveis, não é a nossa falta de conhecimento que está em jogo, mas a natureza dinâmica do sistema. É a instabilidade dinâmica que estará na origem das noções de probabilidade e de irreversibilidade.

Já recordei que probabilidade e irreversibilidade são conceitos estreitamente ligados. É fácil ilustrar o conceito de sistema instável com o exemplo da transformação dita do padeiro: como sabemos, ele toma um quadrado de massa, estende-o e dobra uma metade sobre a outra (fig. 4).

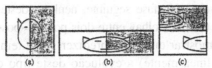

(a)   (b)   (c)
Estados sucessivos (a, b, c) da transformação do padeiro.
Fig. 4

A transformação do padeiro aplica uma dada área inicial, A, sobre «duas áreas», e depois sobre «grande número» de áreas. *Seja qual for* a proximidade dos pontos ou áreas de partida, depois de qualquer interacção de tal transformação, podem encontrar-se separados: o que é próprio dos sistemas fortemente instáveis.

Ora é possível mostrar outro aspecto da instabilidade dos sistemas dinâmicos através de outra representação desta transformação. Se transcrevermos para um desenvolvimento binário os números correspondentes às coordenadas de um dado ponto no espaço da fase, podemos fornecer uma formulação muito simples da transformação do padeiro, que consiste em aplicar este ponto àquele cuja notação das coordenadas corresponde à deslocação de um lugar para a esquerda dos *dígitos* binários. Se convencionarmos assinalar as cifras do desenvolvimento binário com $^u n$ e se ordenarmos adequadamente estes *dígitos* a formulação chamada «*Shift* de Bernoulli» faz corresponder o *dígito* que ocupa o lugar *n* nas coordenadas do ponto de partida, ao *dígito* do lugar *n-1* do ponto de chegada:

$$^u n - 3, \,^u n - 2, \,^u n - 1, \,^u n, \,^u n + 1, \,^u n + 2...$$

$$^u n - 2, \,^u n - 1, \,^u n, \,^u n + 1, \,^u n + 2, \,^u n + 3...$$

A evolução de um tal sistema daqui por diante é impredizível sob o ponto de vista dinâmico. Consideremos o *dígito u*+2; na próxima iteração, entra um *dígito u*+3 que se conhecia inicialmente. Portanto, o ponto que este *dígito* contribuía para medir já não é uma condição inicial adequadamente conhecida: de facto deixa o lugar a dois pontos «possíveis». Na fase seguinte, nenhum destes dois pontos exige de novo uma «escolha» entre dois pontos «possíveis».

Podemos mostrar que, para predizer sobre tempos cada vez mais longos (linearmente) a evolução deste tipo de sistema, é necessário dispor de uma precisão cada vez mais subtil (em sentido exponencial) das condições iniciais. Qualquer conhecimento finito deste sistema implica a perda do conceito de predição determinista. Ora, seja qual for a nossa informação sobre o sistema, tal informação só pode ser-nos dada através de uma janela finita. E por isso, finalmente, a descrição dinâmica clássica, ligada ao conceito de trajectória (já que uma trajectória é a passagem de um ponto a outro) perde-se definitivamente.

Os dados de que um ser finito dispõe sobre a natureza correspondem obrigatoriamente a uma informação finita. Apenas disponho de uma *janela* sobre a natureza. Todos leram o romance de Umberto Eco, *O nome da rosa*, cujo herói se chama

Guilherme de Baskerville. Escolher o nome Baskerville significa, evidentemente, evocar um famoso conto de Conan Doyle e, portanto, a arte das conjecturas do mestre do romance policial. Ainda há pouco tempo os físicos pensavam não voltar a formular conjecturas. Sem dúvida que o advogado, para defender um acusado, deve resolver adivinhas. Mas o físico «deveria poder conhecer» o universo de modo absoluto. Ora, por pouco que se examine um sistema dinâmico simples como o da transformação do padeiro, isto já não é verdadeiro: o determinismo foi imediatamente derrotado. Devo substituir a cada momento a minha informação sobre um «ponto» por uma informação sobre um «sistema de pontos», já que o conhecimento de que disponho sobre as condições iniciais, *seja ele qual for*, não me permitirá seguir a *trajectória* no curso do tempo.

As ideias que acabo de expor têm cada vez mais eco actualmente. Como exemplo, tomarei apenas um texto recente de Lighthill: *The Recently Recognized Failure of Predictability in Newtonian Dynamics*. Este texto dá testemunho da recente reviravolta das ideias em mecânica clássica: «Devo falar a favor da vasta associação dos profissionais da mecânica. Colectivamente quereríamos pedir desculpa por termos enganado o público difundindo ideias sobre o determinismo dos sistemas com base nas leis sobre o movimento de Newton que, desde 1960, se demonstrou serem inexactas».

Na física clássica podia medir-se tudo e tudo conhecer; um dos novos elementos, revolucionários, da física do século XX é a restrição desta visão muito simplista do universo.

Esta situação é um exemplo muito interessante do perigo das extrapolações. Segundo o parecer de muitos cientistas, a dinâmica clássica atingira a sua forma definitiva e o determinismo aparecia como a própria condição da inteligibilidade. Hoje vemos que não é assim. Os novos dados constituem, sem dúvida, o cerne da revolução conceptual que atravessamos desde os primórdios do século XX.

Voltemos ao problema do determinismo. Já tínhamos falado do papel da instabilidade dinâmica: resta-nos falar das constantes universais. Como sabem, a teoria da relatividade restrita baseia-se na hipótese de uma velocidade limite da propagação dos sinais, que é a velocidade da luz no vazio, que mede a constante c. A existência deste limite é um novo argumento para a limitação do esquema determinista.

Neste mesmo momento em que estou a falar, poderia partir da Austrália um raio *laser* que destruiria Roma instantaneamente. Isto é muito pouco provável, para nossa felicidade. Não tenho nenhum meio de predizer isto, isto é, de enviar um sinal *mais rápido* para saber o que está a suceder. Na relatividade, apenas controlo o meu passado e o passado de todos aqueles que estão no meu «cone de passado». A existência da velocidade máxima de propagação da luz implica uma ruptura com o determinismo. Poincaré, o grande matemático e físico francês, estava de tal modo aterrorizado com esta conclusão que anunciava que se devia voltar a Newton, a um espaço absoluto, a um espaço a que Newton chamava a casa de Deus, *Domus Dei*; mas, acrescentava Poincaré, isto não serviria de nada, porque, sobre Deus, a física nada sabe dizer.

O exemplo da mecânica quântica também é instrutivo. As relações de indeterminação estão expostas em todas as obras que apresentam a história das ciências do século XX. Neste caso já não é c que desempenha o papel essencial, mas a constante de Planck, h.

Um exemplo de relação da indeterminação é

$$\Delta p . \Delta q \geq \hbar$$

e esta relação remete para o carácter não-comutativo dos operadores correspondente a p, a quantidade de movimento, e para a coordenada q.

A limitação progressiva das nossas medidas chegou ao seu termo? Não creio. Em alguns trabalhos recentes, alguns dos meus colegas e eu tentámos modificar a mecânica quântica de modo a ter em conta a instabilidade dos estados quânticos excitados. Não posso entrar aqui nos pormenores desta teoria. Mas gostaria de lembrar que a um estado quântico instável corresponde a relação de indeterminação

$$\Delta E = \frac{\hbar}{\tau}$$

onde τ é a vida média do estado instável, e ΔE a indeterminação sobre a energia do estado quântico considerado. Numa determinada situação experimental, a vida média é bem determinada. Daqui deriva que esta última relação de incerteza limita a medida do valor de uma variável de energia e não já de um par de variáveis. Se tomarmos a sério esta relação, a mecânica quântica deve transformar-se para se tornar ainda *mais probabilística* do que tem sido até hoje.

Na concepção clássica, o determinismo era fundamental e a probabilidade era uma aproximação da descrição determinista, derivada da nossa informação imperfeita. Hoje é o contrário: as estruturas da natureza obrigam-nos a introduzir as probabilidades *independentemente* da informação que possuíamos. A descrição determinista não se aplica de facto a não ser a situações simples, idealizadas, que não são representativas da realidade física que nos rodeia.

3. A Irreversibilidade em Cosmologia

Em toda a exposição sublinhamos o papel das probabilidades e das irreversibilidades: primeiro, a nível macroscópico, depois, ao microscópico.

Podemos agora ver como a irreversibilidade limita o alcance da noção de trajectória clássica, devido à instabilidade que encontramos nos sistemas dinâmicos, e como ela limita o alcance da noção de função de onda na mecânica quântica, quando é necessário ter em conta a vida média dos estados quânticos.

Mas há um terceiro domínio, o domínio cosmológico. Já disse isto: a irreversibilidade é algo comum a todo o universo; não é relativa apenas a uma parte do universo. Portanto, levanta-se o problema: como conceber o início do tempo, a criação do tempo e a criação do universo. Talvez já tenham encontrado uma ideia frequentemente referida na imprensa científica: o universo seria um *free-lunch* (*almoço grátis*). O que se entende com esta expressão? Quer afirmar-se que talvez seja concebível criar um universo a partir do vazio, sem qualquer dispêndio de energia.

Às massas corresponde, dada a célebre relação de Einstein $E = mc^2$, uma energia positiva. Por outro lado, e voltaremos a este ponto, pode parecer natural associar à gravitação uma energia negativa, apesar de se tratar de um problema mais complexo do que parece à primeira vista. Se se aceitar esta dualidade de energia positiva e negativa, pode conceber-se um universo de energia total nula: a energia da matéria compensa, portanto, a da gravitação, e a energia total permanece constante, como se verifica, aliás, no caso do vazio *absoluto*, em que não existe nem gravitação nem matéria.

Eis a ideia do *free-lunch*: o universo poderia formar-se sem dispêndio de energia. Para os termodinâmicos, isto não representa nada de surpreendente. Para que serviria um dispêndio energético? Também os vórtices de Bénard são um *free-lunch*. Evidentemente, para que se crie o vórtice basta o calor; e é a energia de aquecimento que se transforma naqueles belos vórtices que todos podemos admirar.

Mas qual é o preço que se deve pagar para que se criem os vórtices? Não é a energia, mas sim a entropia: os vórtices formam-se graças a processos irreversíveis. Daqui a ideia de que o preço do universo seja também um preço *entrópico*, uma enorme produção de entropia nos exórdios do universo, contrariamente à ideia clássica segundo a qual o universo começaria com uma entropia negligenciável, que aumenta até à morte do calor, estado em que a entropia seria máxima.

A ideia que assim fui levado a defender, é que a morte do calor está *atrás de nós*; a morte do calor está, de facto, nos primeiros exórdios do universo. Todos os outros fenómenos entrópicos devidos à fusão dos núcleos, à vida e à história, são na realidade absolutamente negligenciáveis perante a enorme produção de entropia que ocorreu no início do universo.

É isto o que dá consistência à nossa ideia de uma formação do universo associada a uma explosão entrópica: é que hoje sabemos que o universo tem uma estrutura dupla; é formado por dois tipos de constituintes: os fotões e as outras partículas, os bariões.

A coisa curiosa, descoberta em 1965, é que o universo é, antes de mais, formado por fotões, já que existem 10^9 fotões para um barião. Portanto, o universo é, em primeiro lugar, um universo de fotões em que navegam bariões. Ora, os fotões são produzidos por «eliminação». Os fotões vão simplesmente arrefecendo, com a dilatação do universo. Pelo contrário, os bariões são objectos de não-equilíbrio, são os sobreviventes dos primeiros momentos do universo; portanto, continham potencialmente as galáxias, os planetas, a vida.

A entropia total do universo deriva do predomínio dos fotões. Imaginou-se que, se toda a matéria do nosso universo se decompusesse em fotões, a entropia do universo só mudaria uma fracção percentual. No início da minha exposição, lembrei que a criação de entropia é acompanhada por uma criação simultânea de ordem e desordem. Aqui vemos que a desordem pode associar-se aos fotões, enquanto os portadores de ordem são os bariões.

Talvez possamos esboçar uma analogia com a biologia. François Jacob não disse porventura que o sonho de toda a molécula é reproduzir-se? O sonho das partículas elementares seria, então, durarem? O sonho de reproduzir-se implica biomoléculas como o ADN. O sonho de durar não poderia então implicar a introdução de uma complexidade intrínseca, que então deveríamos reconhecer às partículas ditas «elementares»?

Como conciliar esta termodinâmica cosmológica com as ideias de Einstein e da cosmologia moderna? A equação fundamental de Einstein liga a curva do espaço-tempo à pressão e à densidade ou, para exprimir isto de modo mais preciso, ao tensor de energia-impulso da matéria.

O carácter único da relatividade geral é ter superado a dualidade inerente às concepções newtonianas que se baseavam, por um lado, no espaço-tempo considerado como recipiente passivo e, por outro, na matéria.

A história da cosmologia do século XX é uma história dramática. Einstein utilizou pela primeira vez as suas equações fundamentais para sair de um modelo estático do universo, correspondente ao seu conceito de eternidade. Como se sabe, por volta de 1922 teve de abandonar-se a ideia de um universo estático a favor de um universo em expansão. Mas poucos tomavam então a sério esta teoria que tinha origem numa singularidade, o célebre *Big Bang*, datável entre os dez e vinte mil milhões de anos atrás. Podia afirmar-se que, de qualquer modo, esta expansão não era mais do que uma semelhança geométrica. Mas, após 1965, foi inevitável assumir seriamente a ideia de uma evolução cosmológica, já que se descobriram os fotões da radiação de fundo produzidos muito cedo na história do universo. E é assim que o mundo científico aceitou quase unanimemente a ideia de um *Big Bang*, de uma singularidade inicial.

Mas é uma ideia difícil de aceitar. Que significa um «início do tempo»? Seja como for, por volta de 1970, os investigadores pareciam ter chegado a uma imagem satisfatória da evolução do universo. De resto, é provável que poucas coisas possam mudar este modelo (que a partir daí se chama *modelo normativo*) no que concerne à evolução do universo após o primeiro segundo. Em certo sentido é uma conquista notável, tendo em conta o facto de a idade total do universo ser na ordem de 10^{17} segundos.

O esforço actual concentra-se neste segundo crucial. É aqui que o modelo normativo apenas nos fornece informações escassas. As equações de Einstein, que estão na base do modelo, prevêem uma expansão adiabática com conservação da entropia, e estas equações não incluem qualquer fenómeno irreversível. Se prescindimos do *Big Bang*, obtemos condições iniciais em que toda a massa e toda a entropia do universo estão já presentes. Este universo encontrava-se então em condições de temperatura extremamente elevadas, na ordem da temperatura de Planck, isto é, 10^{32} graus Kelvin. Mas que significam as referidas condições iniciais? Com efeito, o modelo normativo evitava levantar a questão, e actualmente o esforço de muitos teóricos centra-se exactamente no problema dos inícios do universo, da génese das coisas: uma das questões mais fascinantes da física teórica.

É necessário recordar que, antes da descoberta dos fotões ligados à radiação de fundo de corpo negro, Hoyle e outros haviam desenvolvido a teoria do *universo estacionário* em que há criação permanente de matéria; esta matéria «abandonaria o horizonte observável», levando assim a um estado estacionário em que nenhuma das propriedades intensivas do nosso universo (pressão, densidade) varia. A vantagem deste modelo é evitar a ideia de singularidade inicial, associada ao *Big Bang*. Mas a teoria do universo estacionário não pode satisfazer-nos porque não nos pode explicar os aspectos evolutivos que o nosso universo apresenta.

Encontramo-nos, por conseguinte, numa situação difícil: parece não haver escolha senão entre um *Big Bang* razoavelmente misterioso e uma teoria do universo estacionário inaceitável.

A teoria que vou expor-vos procura evitar o dilema. Ela faz começar o universo de uma instabilidade, conceito muito diferente do de singularidade. No caso de uma instabilidade, o aparecimento do universo pode comparar-se a uma mudança de fase. O universo, como o vemos, é então o resultado de uma transformação irreversível e provém de um «outro» estado físico.

Antes de mais, quero explicar de que instabilidade se trata. Sigo aqui os trabalhos de Brout, Englert e Gunzig. Eles partem da ideia de uma união entre um campo de gravitação e um campo de matéria. As equações não-lineares, que correspondem a esta união, admitem diferentes tipos de solução.

Uma, solução banal, é o vazio: nem matéria nem gravitação. Mas a análise desta solução mostra que é instável relativamente à produção de partículas de massa suficientemente pesadas. Podemos representar este vazio como um vazio flutuante, que produz massas leves ou pesadas. Depois de a massa produzida atingir um valor da ordem de cinquenta vezes a *massa de Planck*, o vazio torna-se instável e transforma-se num sistema matéria/gravitação, ou seja, num universo. A massa de Planck pode exprimir-se em função de três constantes universais: a velocidade da luz c, a constante de Planck h e a constante de gravitação G.

A massa de Planck vale 10^{-5}, e cinquenta vezes esta massa é, por conseguinte, 10^{-3}gr., uma massa que quase podíamos pegar e pesar. Uma partícula elementar que tem uma massa tão «enorme», relativamente falando, é um buraco negro. Se de facto se calcula o seu «raio de Compton», este raio resulta pequeno em relação àquele a que chamamos o «raio de Schwartzchild», que é o raio abaixo do qual um fotão proveniente do mundo exterior é absorvido. Conhecemos algumas propriedades dos buracos negros, como a sua temperatura (inversamente proporcional à massa), ou a sua vida média (proporcional à massa ao cubo).

Apresentei recentemente, com J. Géhéniau e E. Gunzig, um esboço do nascimento do universo baseado num modelo deste tipo. Numa primeira fase, a seguir à instabilidade de partículas correspondente à massa crítica, vemos constituírem-se amontoados, «pequenos buracos negros», da ordem de 10^{-3}gr. Durante esta fase, o universo aumenta de modo exponencial (como no modelo inflacionista, hoje muito estudado). Mas estes pequenos buracos negros são instáveis, e decompõem-se em tempos da ordem de 10^{-35} segundos. A partir deste momento, o universo torna-se semelhante àquele que conhecemos, formado por bariões e por fotões.

Actualmente, existem diferentes modelos da origem do nosso universo. Nenhum deles apresenta elementos especulativos, e isto vale também no caso daquele de que estou a falar. Mas creio poder afirmar que o nosso modelo é, até hoje, o único capaz de conduzir a predições.

Isto permite de facto deduzir a relação actual entre número de fotões e número de bariões (que mede a entropia total do universo), em perfeito acordo com os dados da experiência, e isto somente nos termos das três constantes universais h, c, G. Assim, as principais propriedades térmicas do universo actual exprimem-se com a única ajuda destas constantes.

Isto representa um êxito indubitável. Mas se confio neste modelo é porque nos propõe um modo coerente de conciliar a exigência de uma teoria unificada do universo com a sua evolução.

É sabido que o problema da unificação das forças está na ordem no dia. A *Grand Unification Theory*, as «cordas» e as «supercordas» são os instrumentos com os quais se tenta chegar à unificação. Mas um universo somente unificado seria estático, complicado talvez, mas não evolutivo. Necessitamos, portanto, de algo mais do que uma unificação, um grau de liberdade evolutiva.

Isto é precisamente o que o nosso modelo propõe. Nele, a relação entre espaço-tempo, por um lado, e matéria, por outro, não é simétrica. A transformação do espaço-tempo em matéria no momento da instabilidade do vazio corresponde a uma explosão de entropia, a um fenómeno irreversível. A matéria corresponde, na realidade, a um *inquinamento* do espaço-tempo. Mas, como sublinhei por diversas vezes, o inquinamento, a dissipação, são produtores em conjunto de ordem e desordem.

Afastando-me um pouco do carácter «popular» desta conferência, desejaria dizer uma palavra sobre o grau de liberdade evolutiva. Admite-se que o universo, segundo uma primeira aproximação, é homogéneo e isotrópico. Um tal universo pode descrever-se por uma métrica «conforme com a métrica de Minkowski». Isto significa que o seu elemento de linha ds difere de um espaço de Minkowski por um só grau de liberdade:

$$ds^2 = F^2 \, (ds)^2$$

A gravitação pode então descrever-se mediante um *campo escalar* que podemos mergulhar num espaço de Minkowski. A energia deste campo escalar é negativa (em conformidade com quanto dissemos antes sobre o *free-lunch*). É esse carácter negativo que permite extrair energia gravitacional para criar matéria.

Por esta via chegamos a um resultado inesperado: o universo não possuiria um estado fundamental estável. Daqui deriva que ele pode diminuir a sua energia emitindo buracos negros, exactamente como um átomo pode passar de um estado excitado ao seu estado fundamental emitindo fotões. Este fenómeno é, evidentemente, irreversível.

Num dos seus contos, Isaac Asimov descreve como uma sociedade muito avançada dedicou imensos recursos à construção de um computador gigante capaz de responder à «última pergunta»: como vencer o segundo princípio da termodinâmica? A máquina responde imperturbável: «Dados insuficientes»; a tal ponto que se esgotam todos os recursos mundiais para recolher os referidos dados. E, quando a máquina finalmente está em condições de dar a resposta, aparece um novo universo. É claro que este conto se apoia na falsa ideia de que o universo tem de construir-se contra as leis da termodinâmica. Ao contrário, vemos que, na investigação actual, não é assim. Foi graças ao segundo princípio que o universo se desenvolveu, e que a matéria traz em si o signo da flecha do tempo.

Neste contexto, podemos fazer perguntas que, inevitavelmente, apresentam um carácter especulativo. Por exemplo, qual é o futuro do nosso universo? Segundo a imagem clássica, e no caso de um universo aberto, deve dispersar-se, sancionando o próprio fim. Aqui, ao contrário, um novo nascimento se torna possível, se as condições que permitiram a primeira instabilidade puderem reproduzir-se. Qual é a densidade de matéria compatível com esta instabilidade? É um cálculo que os meus colaboradores e eu estamos a tentar efectuar: trata-se, provavelmente, de um tempo muito longo, talvez 100 mil milhões de anos. Também podemos imaginar a história do universo como a de uma reacção química explosiva cujos produtos de eliminação impeçam a sua continuação, até ao momento em que forem eliminados e, por isso, uma nova explosão se torna possível.

Reparem que a instabilidade, as flutuações e a irreversibilidade desempenham um papel a todos os níveis da natureza, química, ecológica, climatológica, biológica com a formação de biomoléculas, e finalmente cosmológica.

4. O Nascimento do Tempo

É neste ponto que voltamos ao título da minha exposição. Aconteceu «nascimento do tempo»? A questão é muito complexa. Provavelmente aconteceu nascimento do nosso tempo. Provavelmente houve nascimento do nosso universo. Está aqui o nascimento do tempo em si? É um hábito, uma convenção, aquela que nos leva a contar o tempo a partir de um evento. Seja o nascimento de Cristo ou a fundação de Roma, trata-se sempre do nascimento do *nosso tempo*.

Não devemos esquecer-nos: a ciência só pode descrever fenómenos repetíveis. Se se deu um fenómeno único, uma singularidade como o *Big Bang*, eis que nos encontramos perante um elemento que introduz aspectos quase transcendentais, que escapam à ciência.

Da mesma maneira, não creio que a vida corresponda a um fenómeno único: forma-se sempre que as circunstâncias planetárias sejam favoráveis. E mais, creio que se formará outro universo sempre que as condições astrofísicas forem favoráveis a tal evento.

O nascimento do nosso tempo não é, por conseguinte, o nascimento *do* tempo. Já no vazio flutuante o tempo preexistia no estado potencial.

Talvez nisto sejamos tributários da nossa linguagem. O tempo não é a eternidade, nem o eterno retorno. E isso já não é somente irreversibilidade e evolução. Talvez hoje necessitemos de uma nova noção do tempo capaz de transcender as categorias de devir e de eternidade.

Desde os exórdios da sociologia, os estudiosos defrontam-se com o problema da dualidade entre sistema e indivíduo. Conhecemos a tentação dos sociólogos clássicos, levados para uma visão totalizante(*).

Hoje observamos o papel das micro-estruturas, das decisões individuais, das flutuações que se amplificam. Curiosamente, a história da física parece de algum modo complementar.

A física clássica, cujo texto canónico continua a ser *Le système du monde* de Laplace, convidava-nos a reconstruir uma imagem do mundo sobrepondo movimentos simples. A cada movimento correspondia uma desomogeneidade do espaço-tempo.

Na cosmologia que acabo de expor é a totalidade que desempenha o papel determinante. O facto singular, individual, só se torna possível quando implicado nessa totalidade.

Chegamos assim a um tempo potencial, um tempo que está «sempre já aqui», em estado *latente*, que só exige um fenómeno de flutuação para se actualizar. Neste sentido, o tempo não nasceu com o nosso universo: o tempo *precede a existência*, e poderá fazer nascer outros universos.

(*) Permita-se-me recomendar a leitura do belo livro de Claude Javeau, *Le petit murmure et le bruit du monde*, Bruxelas, Les Éperonniers, 1987.

O Papel Criativo do Tempo

Conferência apresentada em Milão, a 24 de Outubro de 1984, no âmbito do Progetto Cultura Montedison.

O par ordem-desordem suscita actualmente numerosos confrontos culturais, como indica um texto de Jean Starobinski escrito por ocasião dos Encontros Internacionais de Genebra de 1983, cujo tema era precisamente *Ordem e desordem*.

Diz Starobinski: «Não existe actualmente nenhum campo – – ciências físicas, humanas, criação artística, instituições jurídicas, vida económica, debates políticos – cujos problemas não pareçam referir-se às noções antagónicas da ordem e da desordem ou àquelas, mais flexíveis mas não menos antinómicas, do equilíbrio e do desequilíbrio. Tudo nos leva a crer que estas noções são indispensáveis para interpretar o conjunto das realidades que se apresentam em nós e à nossa volta».

Na realidade, o interesse pelos problemas de ordem e desordem não é recente: encontramo-lo em cientistas, filósofos e poetas. Pensamos por exemplo nos *Cahiers*, de Paul Valéry, onde se encontram numerosas anotações, mesmo muito profundas, sobre a desordem.

Os aspectos da ordem e da desordem são múltiplos; alguns são estritamente científicos, outros dizem respeito a problemas epistemológicos e filosóficos. Aqui consideraremos sobretudo os aspectos científicos, isto é, os progressos realizados na descrição dos fenómenos de ordem e desordem na física e na química.

Como caracterizar o momento científico em que actualmente vivemos? Não há sombra de dúvida de que a ciência conhece novos desenvolvimentos nos mais variados campos, mas parece também encontrar-se perante uma encruzilhada: o mundo é termodinâmico ou mecânico? Há dez anos responder-se-ia a esta pergunta: o mundo é essencialmente mecânico, a termodinâmica desempenha uma parte secundária. Actualmente, a resposta seria mais incerta: aí estão as partículas elementares instáveis, algumas descobertas de cosmologia e todas as do campo da física do não-equilíbrio de que brevemente falarei.

Comecemos por nos interrogar sobre o que caracteriza o pensamento mecânico, dinâmico. Fundamentalmente, existe a tentativa de isolar um sistema, de o considerar independentemente do resto do universo. Há um aspecto importante que deve tomar-se em consideração: os sistemas dinâmicos nunca são estáveis. Por exemplo, quando um corpo passa ao lado da Terra, a trajectória do nosso planeta modifica-se, desloca-se e, a seguir, permanece diferente, não volta à situação precedente. Pelo contrário, quando corremos, o coração acelera os batimentos, mas depois de ter repousado retoma o ritmo inicial. Existe, por conseguinte, uma diferença: no caso do coração temos um comportamento estável, enquanto no caso da dinâmica há uma forma de instabilidade.

Por sua vez, como é a descrição termodinâmica? Poderia definir-se como de tipo global: coloca um sistema no seu ambiente. Além disso, a descrição termodinâmica introduz a ideia de estabilidade: os matemáticos falam de estabilidade assímptota. De facto, pelo segundo princípio da termodinâmica, os fenómenos irreversíveis levam a uma produção positiva de entropia. Se um sistema isolado em equilíbrio é perturbado, regressa sucessivamente ao equilíbrio. No mundo dos fenómenos dissipadores podem ignorar-se as perturbações, no mundo da dinâmica não.

Deste modo, identificamos de imediato o nexo entre dissipação e ordem. Se não existisse estabilidade, o mundo mudaria continuamente pelo que não poderia existir qualquer organização estável das estruturas, por exemplo a das estruturas biológicas. Portanto, a irreversibilidade é um factor muito relevante.

O problema pode, todavia, equacionar-se ainda de uma maneira mais geral. Há cerca de 2500 anos Aristóteles já analisara o problema do tempo (*Física*, Δ 11, 219b1-2): observara que o tempo era a medida do movimento na perspectiva do antes e do depois. E é isto o que fazemos ainda hoje: medimos o tempo com relógios que têm um movimento periódico.

Mas, que indica o antes e o depois? Aristóteles não tinha resposta para esta pergunta. Interrogava-se se não seria a alma a contar, se não seríamos nós a dar a perspectiva do antes e do depois e, de certo modo, se não seríamos nós os responsáveis pela existência da irreversibilidade do mundo, o que muitos físicos ainda hoje pensam.

Mas os desenvolvimentos do estudo dos fenómenos irreversíveis dão-nos, hoje em dia, uma perspectiva radicalmente diferente. Verificamos que os fenómenos irreversíveis dão origem a novas estruturas e, a partir do momento em que aparecem novas estruturas como consequência da irreversibilidade, já não nos é permitido acreditar sermos os responsáveis pelo aparecimento da perspectiva do antes e do depois. Actualmente, temos uma visão diferente do tempo: já não podemos pensar, com Einstein, que o tempo irreversível é uma ilusão.

Um simples exemplo, a instabilidade de Bénard, permitirá ilustrar aquilo que pretendo dizer. A instabilidade de Bénard verifica-se numa camada líquida aquecida por baixo; superado um certo valor-limiar criam-se correntes de convecção, que são resultado da interacção de não-equilíbrio entre o fluxo de calor e a gravitação. É interessante sublinhar que cada célula de convecção compreende uma quantidade de moléculas da ordem de 10^{21}, um número enorme de partículas. O não-equilíbrio cria, portanto, a coerência, permitindo às partículas interagirem a longa distância. Gosto de dizer que a matéria, na proximidade do equilíbrio, é «cega», porque cada partícula «vê» apenas as moléculas que a rodeiam; enquanto longe do equilíbrio se produzem as correlações de grande alcance que permitem a construção dos estados coerentes e que actualmente encontramos em numerosos campos da física e da química.

A observação comparada destes fenómenos é rica de implicações. Na instabilidade de Bénard podemos observar, por exemplo, uma camada quente sobreposta a outra fria. Ou então correntes de convecção dotadas de estruturas coerentes que vão, por exemplo, da esquerda para a direita e vice-versa. Estas estruturas quebram a simetria euclidiana do espaço.

No equilíbrio ou próximo do equilíbrio, os pontos que jazem num mesmo plano têm todos as mesmas propriedades. Longe do equilíbrio aparecem zonas de quiralidade oposta. Por conseguinte, deu-se uma ruptura da simetria do espaço do mesmo modo que nos fenómenos temporais o fenómeno irreversível provoca a ruptura da simetria do tempo.

Mas há mais. Se repetirmos esta experiência noutro momento, o andamento das correntes de convecção pode resultar diferente. A situação não é determinada: na descrição destes fenómenos emerge um elemento casual.

Sabemos que a mecânica quântica introduziu o acaso na física. Todavia, o acaso, só entrava em jogo a nível microscópico e alguns chegaram à conclusão de que, a nível macroscópico, o acaso seria eliminado pela lei dos grandes números. Mas actualmente vemos que não é assim: o acaso permanece essencial também a nível macroscópico.

Perto do equilíbrio é sempre possível linearizar, enquanto longe do equilíbrio temos uma não-linearidade dos comportamentos da matéria. Não-equilíbrio e não-linearidade são conceitos ligados entre si. Temos, assim, novos estados físicos da matéria, novos comportamentos. As equações não-lineares têm muitas soluções possíveis e, portanto, uma multiplicidade, uma riqueza de comportamentos que não se podem encontrar perto do equilíbrio.

A existência destes estados que podem transformar-se uns nos outros introduz, por conseguinte, um elemento histórico na descrição. Parecia que a história estava reservada à biologia ou às ciências humanas, e, em vez disso, vemo-la surgir até na descrição de sistemas extremamente simples, o que é um facto de alcance geral.

Também nestes casos a estrutura, a forma do espaço são diferentes no interior e no exterior do sistema. Podemos dizer, em certo sentido, que a irreversibilidade cria uma diferenciação: o interior do sistema torna-se diferente do exterior, exactamente como o interior de um sistema vivo tem uma estrutura e uma composição química completamente diferentes das do mundo exterior.

O exemplo da instabilidade de Bénard não é um caso isolado: nos últimos dez anos, observou-se o aparecimento de estruturas de não-equilíbrio também nos diferentes campos da hidrodinâmica, e em particular na química. Aí não existem só fenómenos autocatalíticos ou transcatalíticos, não se podem ter apenas retroacções que amplificam os fenómenos cinéticos, mas também podem encontrar-se estas estruturas. Um dos factos surpreendentes foi realçar que as reacções periódicas não são a regra; além destas, também nela existem reacções de comportamento mais irregular. Fala-se então de caos químico.

Até agora os exemplos foram extraídos da hidrodinâmica e da química. Antes de passar à biologia, desejaria acrescentar algo sobre mecanismos matemáticos de formação destas estruturas. Aparecem para além do ponto dito de bifurcação e podem quebrar as simetrias preexistentes.

A biologia colocou-nos diante do seguinte facto: as moléculas com quiralidade levógeras são mais numerosas do que as moléculas dextrógeras. Porquê? Acontece muitíssimas vezes que não exista uma simetria perfeita. Existe uma imperfeição que permite selecções extremamente precisas, que permite resultados reproduzíveis mesmo quando a relação sinal-ruído é muito pequena.

Vejamos um exemplo: que faz uma planta para saber da chegada da Primavera? Efectivamente, a temperatura, tal como a luz, varia muito de manhã para a tarde e do dia para a noite; mas de todo este rumor emerge um pequeno sinal que a planta está em condições de captar. Começamos assim a compreender como este pequeno sinal pode ser amplificado.

Muito recentemente, verificou-se experimentalmente esta previsão nos sistemas simples. Não é impossível chegar-se àqueles que poderiam definir-se como *transístores* químicos, capazes de amplificar os sinais provenientes do mundo exterior. Uma descoberta deste género por certo abriria imensas possibilidades tecnológicas. Não se trataria de interruptores rapidíssimos mas de interruptores sensibilíssimos.

Mas voltemos à biologia, um mundo onde estas amplificações e estas estruturas de não-equilíbrio são moeda corrente. Encontramo-las quase por toda a parte e em particular na química dos enzimas. Um famoso exemplo é o das amibas ditas acrasiais: vivem isoladas, mas no momento em que têm fome agregam-se num «organismo» único que depois migra para um ambiente mais favorável. Este mecanismo de agregação está ligado ao gradiente de concentração de uma substância chamada AMP cíclico, produzida por um enzima e depois espalhada no ambiente. Encontramo-nos perante um fenómeno de amplificação: a presença do enzima no ambiente activa o mecanismo que produz o AMP cíclico; emitem-se, assim, ondas que são amplificadas e se transformam em magníficas formas geométricas.

Todos estes são exemplos muito simples. Os biofísicos e os químicos só recentemente se interessaram por tudo o que acontece quando os mecanismos de retroacção são múltiplos. Um sistema pode apresentar dois ou mais mecanismos de amplificação; por isso serão possíveis mais tipos de ciclo-limite, mais ritmos – fala-se de bio-ritmicidade ou poli-ritmicidade – e este fenómeno, previsto teoricamente há três ou quatro anos, verificou-se no campo da bioquímica e da química inorgânica.

São situações em que o sistema adquire ritmos diferentes de acordo com as diferentes condições.

A irreversibilidade leva, portanto, à *autonomia:* ligeiríssimas mudanças no ambiente exterior podem dar origem a comportamentos internos completamente diferentes, com a possibilidade de o sistema se adequar ao mundo exterior. Tudo isto corresponde a uma definição da vida: a vida não se nutre somente de química, mas tem de certo modo incorporada a gravitação, o campo electromagnético e assim por diante.

Um dos aspectos em que desejaria deter-me é o da estabilidade ligada à irreversibilidade. Tomemos um pêndulo: se não existisse atrito continuaria a oscilar até ao infinito. Mas o movimento abranda e pára: diz-se que há um ponto de atracção, um exemplo de estabilidade assintótica. Mas a surpresa destes últimos anos é a descoberta de que o ponto de atracção não é um exemplo representativo.

É o caso um pouco complexo, não de cada ponto de atracção, mas de uma curva fechada que traduz um comportamento periódico. Descobriu-se há pouco tempo que, muitas vezes, o ponto de atracção é um conjunto de pontos e que o sistema é atraído primeiramente por um ponto, depois por outro, e ainda por outro. Fala-se então de atracção estranha.

Os pontos de atracção estranhos podem povoar, cada vez mais densamente, linhas, superfícies, volumes. Podem ter dimensões que não se exprimem por números inteiros, porque se distribuem densamente no interior de volumes ou de superfícies. Chamam-se fractais, porque a sua dimensão (no sentido da geometria) não é um número inteiro. Com os pontos de atracção que são fractais devem esperar-se comportamentos muito irregulares, caóticos e contínuas flutuações. Mas, podíamos interrogar-nos, os fenómenos caóticos que observamos são de natureza fractal ou de natureza dos jogos de azar?

Quando jogo à roleta posso ter jogado mil vezes e jogar uma milionésima vez, mas a situação apresenta-se cada vez como nova, não permanece nada do passado. Enquanto que, se tiver um sistema dinâmico até o carácter casual é o resultado do próprio sistema dinâmico. O que sempre me espanta é que, na natureza, se encontra a estabilidade onde se espera encontrar a variedade, e se encontra a variedade onde, por sua vez, se espera a estabilidade. Verificamos, por exemplo, que o mundo é feito de partículas de matéria; mas, porque não de antimatéria? Porque é a matéria tão abundante e a antimatéria tão escassa? Porque há tantas moléculas com quiralidade levógeras e tão poucas com quiralidade dextrógera? E, da mesma maneira, onde pensamos encontrar estabilidade encontramos pelo contrário variedade, como no caso do clima: durante longos períodos a energia que o Sol nos envia é quase constante e no entanto verificam-se enormes variações climáticas. Que quer dizer tudo isto? O problema interessa hoje a vários grupos de investigadores, de entre os quais o nosso, e referir-me-ei a alguns resultados conseguidos. No caso do clima, conhecemos o passado através das séries temporais, por exemplo a sequência das temperaturas. Esta sequência apresenta enormes variações. A pergunta que fazemos é se estas variações se devem a um jogo do azar, como a roleta, ou se nos encontramos perante um ponto de atracção estranho semelhante aos citados anteriormente.

Nos últimos anos, os matemáticos começaram a desenvolver métodos para distinguir estas duas situações. A ideia de fundo é que se a temperatura faz parte de um sistema com um certo número de variáveis, então, eliminando estas variáveis, só a temperatura é que faz parte de uma equação diferencial de ordem infinita. Dá-se o valor de uma variável, da sua derivada e assim por diante, até *n-1* e depois a equação determina a derivada infinita. Também se pode considerar o valor da temperatura num determinado momento e nos seguintes até se obter uma sequência. Estudando depois a distribuição desta sequência observa-se que, perante um ponto de atracção estranho, as sequências se colocam em zonas com uma certa dimensionalidade. Sem entrarmos nos pormenores dos cálculos matemáticos, podemos observar que o interesse fundamental, independentemente de qualquer modelo climático, reside em se poder agora afirmar que a informação contida num milhão de anos de temperaturas pode ser simulada num sistema com quatro equações diferenciais não-lineares. Quais são as quatro variáveis que produzem este ponto de atracção? Não conhecemos nenhuma: podíamos levantar a hipótese do campo magnético, da quantidade de oxigénio, da posição da trajectória terrestre. Porém, sabemos que não se trata de um jogo de azar, que na base da enorme complexidade nas flutuações das temperaturas existe um determinismo complexo. Esta complexidade, reflectida pelo ponto de atracção, explica a instabilidade do clima: a mínima perturbação proveniente do mundo exterior ou das flutuações internas pode fazer oscilar de um clima frio para um clima quente e vice-versa.

Se esta formulação «funciona» para o clima, porque não procurar aplicá-la a outro fenómeno complexo, às flutuações do potencial eléctrico do cérebro? Pode aplicar-se à neurofisiologia o mesmo método usado para o clima, isto é, estudar o potencial eléctrico seguinte em função do potencial eléctrico precedente. O que se observa é que, para um indivíduo em estado de vigília, o carácter casual é enorme: a um dado valor pode corresponder qualquer outro valor. Pelo contrário, no sono profundo a situação é muito menos casual.

Por conseguinte, podemos tentar analisar a diferença entre vigília e sono sob o ponto de vista dos pontos de atracção estranhos. Parece que o sistema neurofisiológico é um sistema altamente instável que continua a funcionar no sono como um sistema dinâmico muito complexo. É ainda Valéry que escreve: «O cérebro é a própria instabilidade». Mas que acontece quando se passa do estado de sono para o de vigília? Ainda não temos dados suficientes, mas já emergem claramente dois factos: em primeiro lugar, a dimensionalidade aumenta e o sistema torna-se mais complexo. Em segundo lugar, já não se trata de um sistema dinâmico fechado: em estado de vigília vemos, observamos, e estas observações fazem com que o sistema já não seja completo, fechado sobre si mesmo, mas contenha elementos novos vindos do mundo exterior. No estado de vigília, há um contínuo contributo da experiência.

Não sou neurofisiólogo, mas fiquei fascinado ao encontrar no cérebro uma actividade de base altamente instável, como no caso do clima. O mundo exterior permite polarizar esta actividade de base numa direcção ou noutra e chegar às actividades cognitivas.

Podemos interrogar-nos, neste ponto, se a autonomia do tempo não desempenha um papel muito importante na evolução biológica. Qual é o papel do tempo? Temos o tempo astronómico, o tempo da dinâmica, mas dado que continuamente dentro de nós se desenvolvem reacções químicas, temos também um tempo químico interno. Mas o tempo químico é um tempo pobre, que só existe quando se alimenta a reacção. Com a vida, a situação muda radicalmente; com a inscrição do código genético temos um tempo interno biológico que prossegue ao longo de biliões de anos da própria vida, e não só este tempo autónomo da vida se transmite de uma geração a outra, como o seu conceito se modifica. Produz-se um aperfeiçoamento evolutivo que evoca a história dos computadores: uma geração sucede a outra e permite realizar o mesmo tipo de operações em tempos cada vez mais

O Papel Criativo do Tempo

curtos. Poderemos chamar-lhe um aperfeiçoamento quantitativo. Todavia, também parece claro – ainda se estão a recolher dados – que, no decorrer da evolução biológica, se tenha transformado a qualidade do sistema dinâmico, com um aumento de complexidade que tende para sistemas altamente instáveis (um exemplo é o cérebro dos primatas, cuja instabilidade permite amplificações e polarizações em todas as direcções).

Também aqui vemos em acção a irreversibilidade, na autonomia dos seres que tendem a tornar-se cada vez mais independentes do mundo exterior.

Esta complexidade e esta autonomia encontram, na minha opinião, o melhor exemplo no tempo musical. Em cinco minutos mecanicamente medidos de uma obra de Beethoven existem tempos lentos, acelerados, retornos, premissas de tudo o que acontecerá a seguir, tudo isto nos cinco minutos do tempo astronómico.

É esta preparação para a complexidade e para a autonomia do tempo musical que vemos emergir no decurso da evolução e que podemos compreender como a história dos pontos de atracção. É por isso que centrei a minha conferência na noção de ponto de atracção, desde o exemplo mais banal, o atrito, aos mais complexos da neurofisiologia e do clima.

Disse que a vida criou o tempo, mas isto pode ter acontecido graças à criação das biomoléculas. Na realidade, a probabilidade das sequências dos polímeros é extremamente diferente perto do equilíbrio e longe do equilíbrio: perto, seria nula, longe, tornar-se-ia apreciável. Logo, pode dizer-se que as biomoléculas são moléculas orgânicas cuja simetria foi quebrada pela irreversibilidade (de facto é necessário ler as biomoléculas por uma certa ordem, da esquerda para a direita, como se lê este texto). Esta ruptura de simetria espacial é a expressão da ruptura de simetria entre passado e futuro. Em todos os fenómenos que observamos, vemos o papel criativo dos fenómenos irreversíveis, o papel criativo do tempo.

Na concepção clássica, a irreversibilidade estava ligada à entropia e esta, por sua vez, a uma probabilidade. Mas como se entendia esta probabilidade? Para aqueles que, como Boltzmann, tiveram a ideia de exprimir a irreversibilidade graças a uma probabilidade, a resposta era óbvia: a probabilidade nascia da nossa ignorância das trajectórias exactas. Por conseguinte, a irreversibilidade é a expressão da nossa ignorância.

Actualmente, perante o papel criativo dos fenómenos irreversíveis, esta concepção foi abolida: caso contrário seríamos obrigados a atribuir as estruturas que observamos à nossa ignorância. É verdade que a ignorância é mãe de muitas desgraças, mas é sempre difícil atribuir-lhe o poder de nos criar. Por conseguinte, devemos superar a tentação da ignorância, como superamos a tentação de explicar a mecânica quântica com variáveis desconhecidas.

Então, qual é o caminho? Sabemos actualmente que, nos sistemas dinâmicos instáveis, a noção de trajectória perde o sentido: dois pontos, próximos o mais possível um dos outros, afastar-se-iam exponencialmente, de acordo com um número chamado «expoente de Ljapuno». A instabilidade destrói o carácter das trajectórias e modifica os nossos conceitos de espaço-tempo. Einstein já reconhecera explicitamente que os problemas do espaço-tempo e da matéria estavam ligados. Actualmente devemos ir mais longe, compreender que a estrutura do espaço-tempo está ligada à irreversibilidade, ou que a irreversibilidade exprime também uma estrutura do espaço--tempo.

A mensagem do segundo princípio da termodinâmica não é uma mensagem de ignorância, é uma mensagem sobre a estrutura do universo. Os sistemas dinâmicos que estão na base da química, da biologia, são sistemas instáveis que avançam para um futuro que não pode ser determinado antecipadamente porque tenderão a cobrir tantas possibilidades, tanto espaço quanto estiver à sua disposição.

Devemos reexaminar o sentido do segundo princípio: em vez de um princípio negativo, de destruição, vemos emergir outra concepção do tempo. A física clássica produzira apenas duas noções de tempo: o «tempo-ilusão» de Einstein e o «tempo-degradação» da entropia. Mas estes dois tempos não se aplicam à situação presente. Nos seus primeiros instantes, o universo, ainda pequeníssimo e quentíssimo, era um universo de equilíbrio. Mas transformou-se num universo de não-equilíbrio. A própria existência de matéria e não de antimatéria é prova de uma ruptura de simetria. A mecânica, que trata de pontos materiais, ocupa-se efectivamente de uma das manifestações da irreversibilidade. Num universo de equilíbrio não existiriam nem pontos materiais nem objectos. A evolução do universo não se deu na direcção da degradação mas na do aumento de complexidade, com estruturas que aparecem progressivamente a todos os níveis, desde as estrelas e as galáxias aos sistemas biológicos.

Alguns acreditam que o futuro do universo não poderá ser mais do que uma repetição segundo a ideia de que o tempo não é mais do que ilusão; ou então consistirá numa inevitável decadência, derivada do esgotamento dos recursos, como quer a termodinâmica clássica. A realidade do universo é mais complexa: em tempos longos e a nível cosmológico estão implicadas tanto a gravitação como a entropia, e o jogo da gravitação e da entropia está muito longe de estar esclarecido. A partir de agora já pode pensar-se que, uma vez esclarecidas estas conexões mais complexas, a ideia de se poder saber se o universo se reproduzirá sem fim ou se degradará até desaparecer por dissipação, parecerá simplista. A dialéctica entre gravitação e termodinâmica esta gravitação e termodinâmica pode gerar muitas possibilidades e, após alguns séculos de física, chegaremos a uma situação mais razoável, que tenha em consideração a complexidade que nos rodeia.

Não podemos prever o futuro da vida ou da nossa sociedade ou do universo. A lição do segundo princípio é que este futuro permanece aberto, ligado como está a processos sempre novos de transformação e de aumento da complexidade. Os recentes desenvolvimentos da termodinâmica propõem-nos, por conseguinte, um universo em que o tempo não é nem ilusão nem dissipação, mas no qual o tempo é criação.

ÍNDICE

Nota do editor italiano 7
Nota biográfica 9
Entrevista com Ilya Prigogine 15
O Nascimento do Tempo 31
O Papel Criativo do Tempo 59